Luis Murschetz · Herbert Rosendorfer

O sole mio

Luis Murschetz
Herbert Rosendorfer

O sole mio
oder
warum die Drei Tenöre
immer noch singen

Sanssouci

1 2 3 4 5 04 03 02 01 00

ISBN 3-7254-1175-1

Satz: Satz für Satz. Barbara Reischmann, Leutkirch
Lithos: C.D.N. Pressing, Verona
Druck und Bindung: Friedrich Pustet, Regensburg
Printed in Germany

Nach dem erst vor wenigen Jahren in der Ruine eines koptischen Klosters bei Deir Abu Mkar (nordwestlich von Kairo) aufgefundenen apokryphen Linus-Evangelium kamen die »Drei Weisen aus dem Morgenland« (aus denen erst der Volks-Aberglaube einige hundert Jahre später »Drei Könige« gemacht hat) ohne Gaben zum neugeborenen Christuskind. Als sie am 5. Januar gegen Abend in die Nähe von Bethlehem gelangt waren, fragte Melchior den Balthasar: »Du hast doch das Gold, den Weihrauch und die Myrrhe?« »Nein«, sagte Balthasar, »ich denke, Kaspar hat sie.« »Ich?« sagte Kaspar, »ich habe angenommen, Balthasar hat sie dabei ...« Kurzum, die drei Chaoten hatten im Trubel des Aufbruchs die vorbereiteten Gaben daheim in Arabien liegengelassen. Was tun? Wenn sie zum vorgesehenen Termin von Epiphanias in Bethlehem sein wollten, war es völlig ausgeschlossen, selbst in noch so mörderischen Eilritten zurück- und wiederzukehren, um die Gaben zu holen. Etwas betreten also schlichen die drei am nächsten Vormittag, am 6. Januar 1 n. Chr., einem Dienstag, in jenen Stall, in dem Maria eben das grade vierzehn Tage alte Baby stillte.

Peinlich war, daß Joseph seitlich schon einen Tisch geschmückt hatte: für die Gaben. Die Drei übersahen den Tisch geflissentlich, fielen statt dessen auf die Knie nieder und begannen das Kind zu preisen. Nachdem sie eine Weile gepriesen hatten, standen sie auf, stellten sich – wie sie draußen vorher ausgemacht hatten – in Positur und huben, begleitet von Instrumenten der ohnedies von der Christnacht her immer noch herumschwebenden Engelsscharen, zu singen an: »O sole mio!«

Daraufhin verfluchte das Jesuskind die Drei, und seitdem müssen sie ewig singen.

Das erste Mal traten sie am 18. Juli 64 in Rom im Neronischen Circus auf. Nero, dem man mit Recht alles mögliche nachsagen kann, aber unmusikalisch war er nicht, schleuderte nach den ersten vierzehn Strophen mit dem Wort »Satis!« den nächsten Gegenstand, den er greifen konnte, leider eine brennende Fackel, nach den Tenören, wodurch diese zwar keinen Schaden erlitten, aber Rom zum Teil abbrannte.

Am 28. Januar 1077, bei klirrender Kälte, hatte König Heinrich IV. die Drei Tenöre nach Canossa verpflichtet. Der König stand, wie man weiß, barfuß büßend im Schnee. Eigentlich hatte der König gewünscht, daß auch die Tenöre barfuß sängen. Dies lehnten sie aber im Hinblick auf die ohnedies ständig dräuende Erkältungsgefahr ab. Sie sangen also in Stiefeln. Nach zweiundzwanzig Strophen »O sole mio!« (was angesichts des saumäßigen Wetters ein Hohn war) schickte Papst Gregor VII. einen Kammerdiener heraus und ließ dem König ausrichten, er möge morgen wiederkommen, aber ohne Tenöre; dann könne man über Absolution und Aufhebung des Kirchenbannes reden.

Am 1. November 1517 traten die Drei Tenöre – Gasparro Carreras, Melchiorre Domingo und Baldassarre Pavarotti hießen sie inzwischen – in Wittenberg auf. Ihr Ruhm umspannte damals schon die ganze Welt, aber ein grämlicher Augustiner namens Luther fürchtete, durch das Geschrei in seiner Bibelübersetzung gestört zu werden und brachte am Tag zuvor an der Schloßkirche ein Plakat an:

»O sole mio will ich nie, oh!
Schluß mit den Tenören.«

Das heißt, er wollte dieses Plakat anbringen, vergriff sich aber in seiner gelehrten Schusseligkeit und nagelte statt dessen ein Manifest an, das einige seiner Schüler aus antipäpstlichem Jux angefertigt hatten. Luther, in Gedanken ganz woanders, merkte es gar nicht. Er ärgerte sich nur, daß die Tenöre am nächsten Tag trotzdem sangen. Die Reformation aber war nicht mehr aufzuhalten.

Die beiden kaiserlichen Gouverneure von Prag, Martinitz und Slawata, hatten für den 23. Mai 1618 die protestantischen Ständevertreter zu einem Arbeitsessen auf die Burg eingeladen. Es verlief alles harmonisch, nur als die – von den Exzellenzen Martinitz und Slawata gutgemeinten – Überraschungsgäste, nämlich die Drei Tenöre auftraten, fühlten sich die Protestanten nach vierundzwanzig Strophen von »O sole mio!« verspottet, sogar bedroht und warfen die Tenöre zum Fenster hinaus. Später wurde die Sache von katholischer Seite so gedreht, als seien die Exzellenzen selber nebst Sekretär »defenestriert« (wie der offizielle Ausdruck lautet) worden, worauf bekanntlich der Dreißigjährige Krieg ausbrach, den zwei Drittel der deutschen Bevölkerung nicht, wohl aber die Drei Tenöre überlebten.

Um die Französische Revolution aufzuhalten, kam der, wie man weiß, eher tölpelhafte König Ludwig XVI. auf die nicht anders als abwegig zu nennende Idee, dem Volk in den Tuilerien ein Sommerkonzert zu geben. Wen engagierte er dafür? Die Drei Tenöre. Es war der 10. August 1792. Nach der sechsundfünfzigsten Strophe von »O sole mio!« riß der Bevölkerung die Geduld, sie metzelte die Schweizergarde nieder und wollte Gasparro, Melchiorre und Baldassarre unter Absingen des Liedes »Les ténores à la lanterne!« aufknüpfen. Mit knapper Not gelang ihnen die Flucht, nicht aber dem König, der in den Temple gebracht und am 21. Januar 1793 geköpft wurde. An dem Tag sangen die Drei Tenöre in London, allerdings zur Vorsicht nur sechzehn Strophen von »O sole mio!«.

Die Bedrohung durch die Drei Tenöre wurde im Lauf der nächsten Jahrhunderte immer größer. Die wenigen Versuche kühner Einzelgänger, die Bedrohung einzudämmen, schlugen regelmäßig fehl. Am 10. September 1898 verfehlte ein junger Mensch namens Lucheni den Tenor Gasparro nur um wenige Minuten auf einer Promenade am Genfer See und erdolchte statt dessen eine völlig unbeteiligte ältere Dame. Am 29. Juli 1900 traten die Drei Tenöre in Monza auf. Ein nervöser Koch konnte die vierundachtzigste Strophe von »O sole mio!« nicht mehr ertragen und schoß auf Baldassarre, aber die Kugel prallte an dem, dem Tenor kurz zuvor von König Umberto I. verliehenen S. Meleagro-Orden, ab und traf unglücklicherweise diesen, d.h. den König. Da damals in Italien die Todesstrafe abgeschafft war, selbst für Königsmord, wurde der Koch nur zu lebenslanger Haft verurteilt. In ihr, der Haft, erfand der die sog. »Monza-Schnitte«, was aber auf eine ganz andere Geschichte zurückgeht, die hier zu weit führte.

Ein ähnliches Malheur passierte beim Galakonzert der Drei Tenöre am 28. Juni 1914 in Sarajevo. Wen die abgeirrte, dem Tenor Melchiorre geltende Kugel traf und die verheerenden Folgen sind bekannt.

Und so singen sie weiter. Sie sangen bei Zuchtbullenversteigerungen in Delmenhorst, sie sangen vor dem Papst, der englischen Königin und vor dem Obersten Sowjet. Sie sangen (und singen) auf den Osterinseln und wahrscheinlich auch auf den Weihnachts-, Pfingst-, Dreikönigs- und Muttertagsinseln.

Als am 11. August 1999 die Sonne sich über einem Teil Europas verfinsterte, war das entsetzlichste Ereignis nicht die plötzliche gespenstische Dunkelheit, der unheimliche eisige Wind, der sofort auftrat, nicht das erschreckte Aufflattern der Vögel – nein: das Verstummen der Drei Tenöre. Kaum zu glauben, aber in dem Augenblick, als sich die Mondscheibe schwarz vor die Sonne schob, verstummten die Drei Tenöre vor Schreck, weil sie mit so etwas wie einer Sonnenfinsternis in ihrer Gegenwart nicht gerechnet hatten: – o sole mio!

Witwen brachen in Tränen aus, Jünglinge und Greise gingen in die Knie, Staatssekretäre rangen die Hände, ein gewisser Bischof K. aus St. P. erlitt einen hartnäckigen Schluckauf, der nur durch einen per Fax übermittelten päpstlichen Spezialsegen geheilt werden konnte. Aber nach weniger als drei Minuten trat die Sonne siegreich wieder hervor – o sole mio! – und die Drei Tenöre sangen weiter. Ob die Beobachtung der Sternwarten richtig ist, daß, entgegen allen Berechnungen, der Mond, nachdem er das Zentrum der Sonne verlassen hatte, einen Augenblick zögerte, so, als ob er überlege umzukehren – um die Sonne neuerlich zu verfinstern, so daß die Tenöre auf immer – ?

Im Jahr 2018 wurde die erstaunte Musikwelt Zeuge eines Ereignisses von epochemachendem, ja musikweltbewegendem Ausmaß. Die Drei Tenöre sangen im Tadsch Mahal, und als sie die 167. Strophe von »O sole mio!« gesungen hatten, wurde der letzte, bekanntlich triumphalste Ton ein wenig länger gehalten. Doch von keinem der Drei Tenöre! Was war geschehen? Klammheimlich hatte sich ein vierter Tenor dazugeschlichen.

Von da ab traten die Drei Tenöre zu viert auf. Doch es kam, wie es kommen mußte, bald erschienen, wie aus dem Nichts, ein fünfter Dritter Tenor, dann ein sechster, dann ein siebter... gegen Ende des Jahrhunderts sangen die Drei Tenöre schon hundertzweistimmig. Umweltschützer warnten vor den Folgen einer Resonanzkatastrophe, die eintreten könne, wenn der Abstand zwischen dem Dritten Tenor äußerst rechts und dem Dritten Tenor äußerst links mehr als die Frequenzlänge des ausgehaltenen Tones beträgt vor einer dem Weltgefüge gefährlichen Interferenz also bei der eintausendzweihundertsten Strophe von »O sole mio!«.

Dazu kam es jedoch nicht, denn als die Zahl der Drei Tenöre die Millionengrenze überschritt, spalteten sie sich, und zwar der Länge nach. Die einen sangen »O so!«, die anderen »le mio!«. Ein existenzbedrohender Streit zwischen den beiden Hälften darüber, welche die originalen Drei Tenöre seien, wurde durch Schiedsspruch der UNO grade noch rechtzeitig beigelegt. Die auf jeweils zweiundvierzig Millionen angewachsenen Drei Tenöre hatten schon mit einem Kampfsingen gedroht. Ob das die Welt überstanden hätte, ist mehr als fraglich.

So singen sie weiter – vom Fluch getrieben – und kommen erst zur Ruhe, wenn die Posaunen des Jüngsten Gerichtes ertönen, die aber kaum zu hören sein werden neben der vierundvierzigtausendvierhundertvierundvierzigsten Strophe von »O sole mio!«.

Die Geburt des Trios

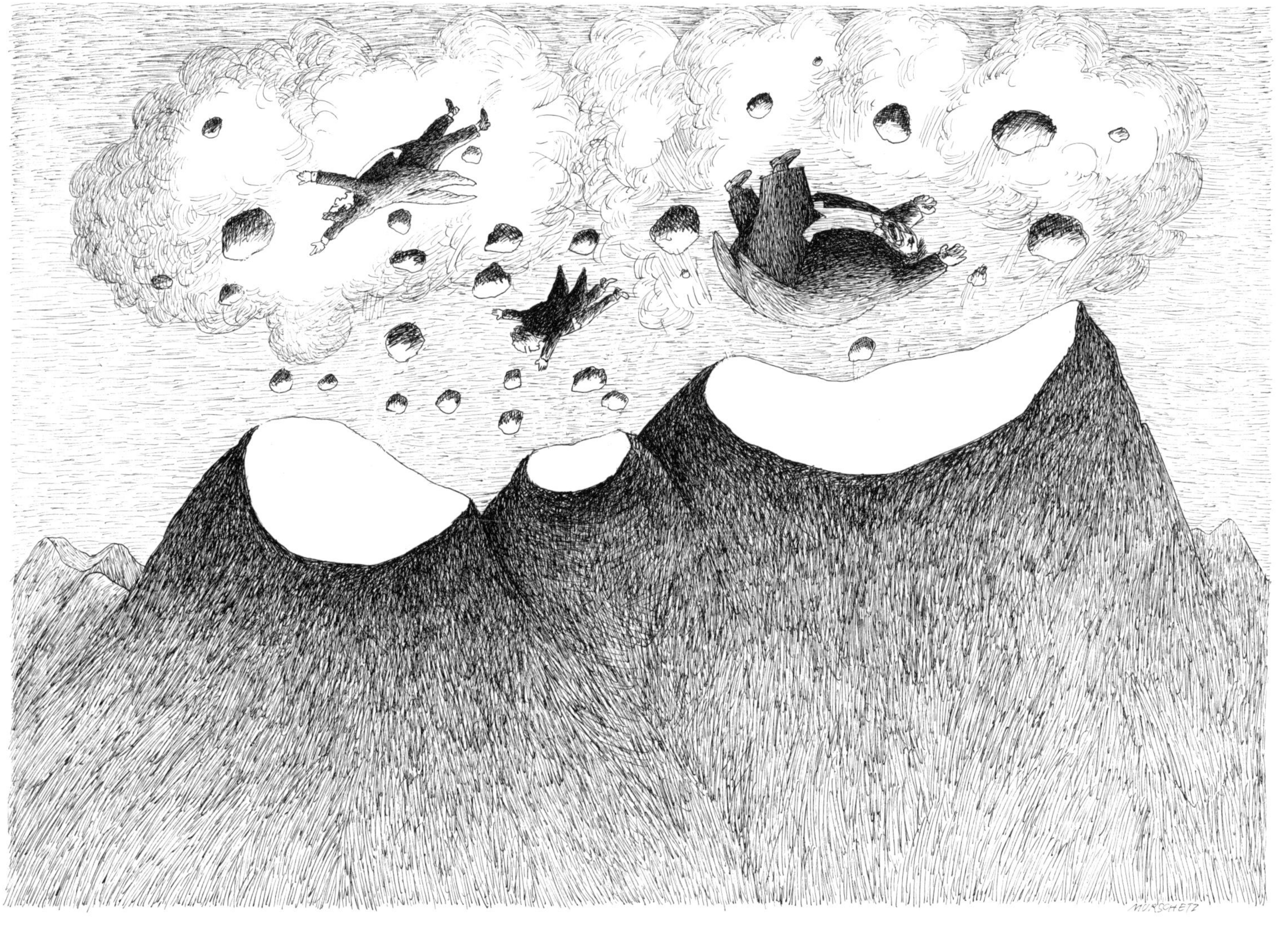
MURSCHETZ

Belcanto on Tour

MURSCHETZ

Auftritt im Teutoburger Wald

MURSCHETZ

Open Air im Wedell-Meer

MURSCHETZ

Gala für Yethi und Plethi

MURSCHETZ

Wandererphantasie

MURSCHETZ

Passion im Pazifik

MURSCHETZ

Off Shore

MURSCHETZ

Hohes C in Übersee

MURSCHETZ

Gala im Nordatlantik

TITAN
MURSCHETZ

Live über der Arena

MURSCHETZ

Konzert in Down under

FERRIES
TO QUAY
MURSCHETZ

Wrapped Scala

MURSCHETZ

Land des Lächelns

Open Air im Navadjo-Land

MURSCHETZ

Erntedank

MURSCHETZ

The Jack London Choir, Fairbanks

MURSCHETZ

Serengeti darf nicht sterben

Ein Menschheits-Traum geht in Erfüllung

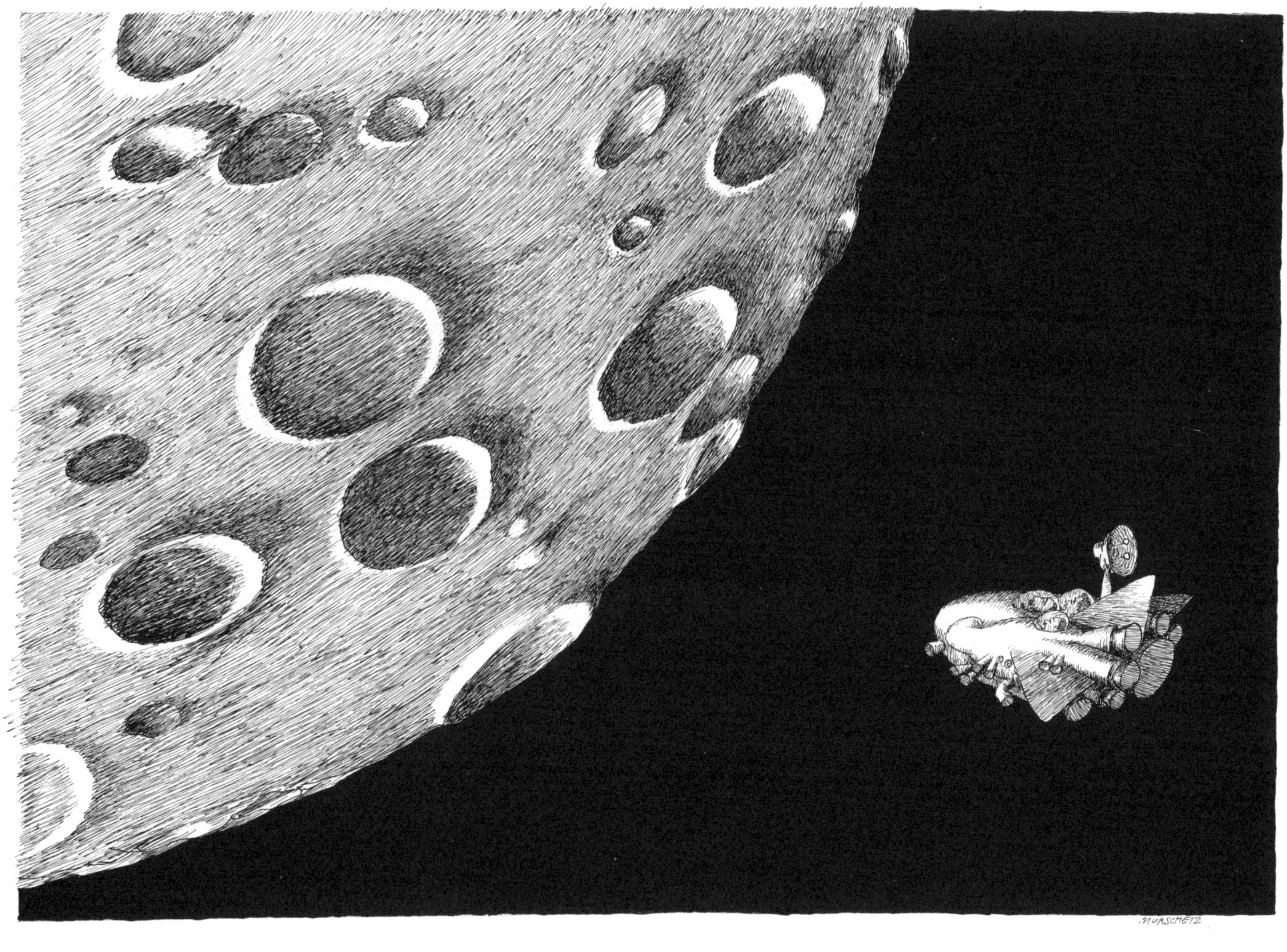
MURSCHETZ

Konzert im Meer der Ruhe

MURSCHETZ

O sole mio im Goethejahr 2049

MURSCHETZ

Luis Murschetz, geboren 1936 in Velenje (Wöllan), wuchs in Frohnleiten, Steiermark auf. Nach der Grafikerausbildung in Graz folgten Lehrjahre in Rotterdam. 1967 erschienen seine ersten politischen Karikaturen in der *Süddeutschen Zeitung* und 1971 in der Wochenzeitung DIE ZEIT, wo er das Amt des Zeichners von Paul Flora übernahm. 1978/79 hatte er seinen Wohnsitz in London. Seine Werke waren auf zahlreichen Einzelausstellungen zu sehen. Murschetz leitete zwischen 1983 und 1995 insgesamt sechsmal die Klasse Illustration an der internationalen Sommerakademie für bildende Kunst in Salzburg.
Er wurde mehrfach ausgezeichnet, zuletzt mit dem Olaf Gulbransson Preis 1997. Er lebt in München.

Herbert Rosendorfer, geboren 1934 in Bozen, zog 1939 mit seinen Eltern nach München. Er studierte an der Akademie der Bildenden Künste, wechselte danach zum Jurastudium. Seit 1969 erschienen zahlreiche Romane und Erzählungen sowie mehrere Theaterstücke. Rosendorfer ist Professor für Bayerische Literaturgeschichte an der Universität München. Seit er seine Tätigkeit als Richter am Oberlandesgericht in Naumburg beendet hat, lebt er wieder in der Nähe von Bozen.
1992 erhielt er den Oberbayerischen Kulturpreis. Von ihm sind u. a. erschienen: *Das Messingherz* (1979), *Briefe in die chinesische Vergangenheit* (1983) und *Deutsche Geschichte. Ein Versuch. Von den Anfängen bis zum Wormser Konkordat* (1998).

Bereits im Sanssouci Verlag erschienen:

Luis Murschetz
Abschied von Kohl

Karikaturen

Mit zwei Vorworten von Herbert Riehl-Heyse

84 Seiten mit 75 Abbildungen. Gebunden

Der (inzwischen Alt-)Bundeskanzler sitzt, wie eh und je, massig-massiv im Licht der untergehenden Sonne; ein Pantoffel baumelt vom Fuß. Und der Felsvorsprung, auf dem er den Sonnenuntergang bewundert, ist schon unter ihm weggebrochen. »Kanzler im Abendlicht« heißt das dann bei Luis Murschetz.
Die Zeichnungen des Karikaturisten und Dokumentaristen haben Helmut Kohl in der *ZEIT* und in der *Süddeutschen Zeitung* über sechzehn Jahre hinweg begleitet: Luis Murschetz ist mit dem Altkanzler vertraut und auf Distanz wie kaum ein anderer. Wie der so war, was (und wen) er ausgesessen hat, und wie das Gewicht der Kanzler-Persönlichkeit mit den Jahren zugenommen hat – das alles hat er mit sparsam-spitzen Federstrichen voll hintergründigem Humor festgehalten. Das Ergebnis ist ein Sammelband, der ein Bild vermittelt von der Fülle eines Kanzlers, der irgendwann nicht mehr hineinpaßte in die kleine Republik, und gleichzeitig von den immerwährenden Themen der Deutschen erzählt.

»Verkohlt: Ein finaler Gruß an den Kanzler.« *Süddeutsche Zeitung*